WEIHNACHTS BASTELN MIT PAPIER

KINDERLEICHTE PROJEKTE AB 4 JAHREN

Sterne, Engel,
Nikolaus und Co.

INHALT

SCHÖNE WEIHNACHTSZEIT

Ich freue mich sehr, dir und deinen Kindern mit diesem Buch Ideen und Anregungen zu geben. Ihr werdet staunen, wie einfach ihr aus Papier wunderschöne Werke zur Advents- und Weihnachtszeit kreieren könnt. Denn meine liebste Bastelzeit ist die Vorweihnachtszeit: zusammen mit den Kindern am Tisch werkeln, Dekorationen und kleine Überraschungen basteln und einfach den Moment genießen.

Was erwartet euch in diesem Buch?
Alle im Folgenden vorgestellten Projekte habe ich zusammen mit meinen zwei Kindern ausgesucht und für dieses Buch gebastelt. Bei der Auswahl haben wir darauf geachtet, dass es sowohl für Jungs als auch für Mädchen interessant ist, dass der Schwierigkeitsgrad unterschiedlich ist und jeweils dem Alter angepasst werden kann. Wir haben zahlreiche und ganz unterschiedliche Motive aus der Weihnachtszeit zusammengesammelt, damit für dich und deine Kinder garantiert etwas dabei ist und ihr lange jede Menge Spaß mit diesem Buch haben werdet. Ihr werdet darin unter anderem Ideen für die Dekoration des Hauses, der Fenster, zum Aufhängen, für den Weihnachtsbaum und zum Verschenken finden.

Ich bin mir sicher, ihr werdet am vorweihnachtlichen Basteln mit Papier ebenso Freude haben wie wir. Ich wünsche euch beim Nachmachen ganz viel Spaß und bin gespannt auf eure Werke.

Vorweihnachtliche Grüße
Eure Gina

Die Arbeit läuft dir nicht davon, wenn du deinem Kind einen Regenbogen zeigst. Aber der Regenbogen wartet nicht, bis du mit der Arbeit fertig bist.

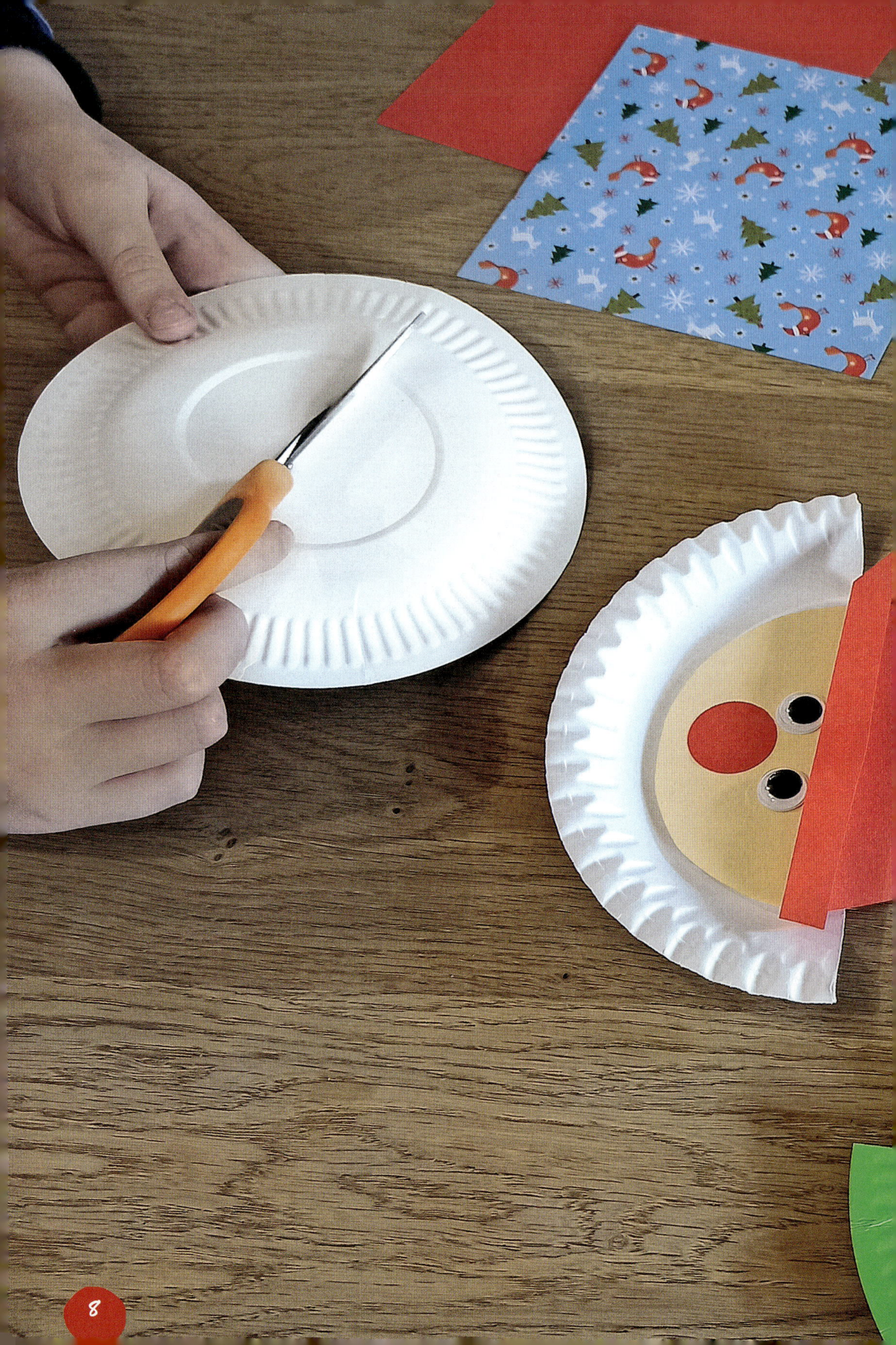

LICHT-/WICHTELHAUS

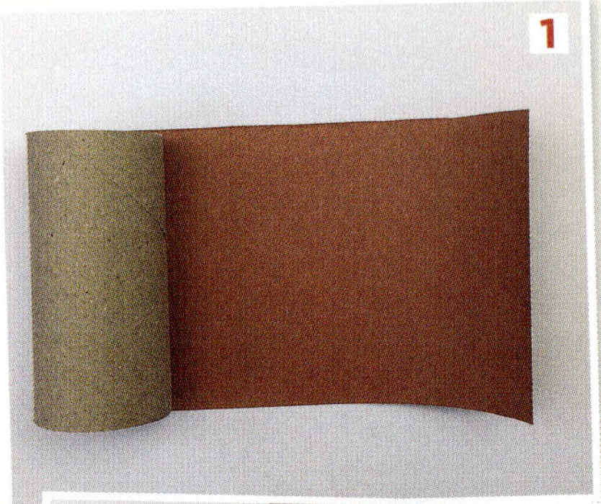

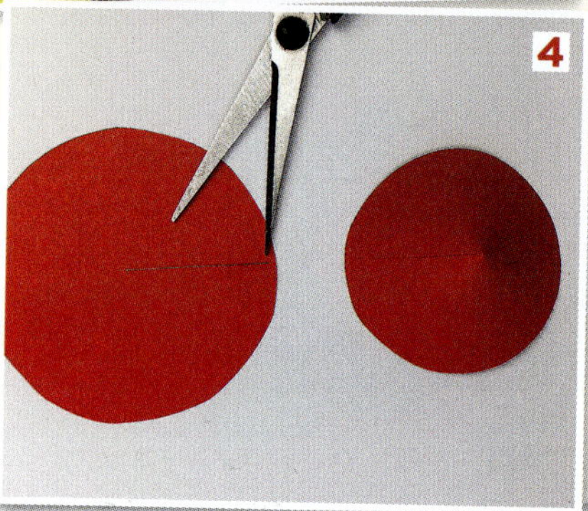

Das brauchen wir
Toilettenpapierrollen, farbiges Papier, gelbes Transparentpapier, Schere/Cutter, Kleber, Stift, elektrisches Teelicht

SO WIRD'S GEMACHT

1 Schneide einen Streifen farbiges Papier so aus, dass er um deine Toilettenpapierrolle passt. Lass als spätere Klebefläche am Ende etwas mehr Papier stehen, als du benötigst. Klebe deinen Streifen Papier an dieser Fläche um die Toilettenpapierrolle fest.

2 Nun malst du mit einem Stift Tür und Fenster der Häuser auf dem farbigen Papier vor. Schneide sie mit einer Schere aus. Wenn du magst, kannst du die Fenster und Türen noch mit einem Stift verzieren, z.B. kleine Mauersteine malen.

3 Passend zu der Tür und den Fenstern schneidest du etwas Transparentpapier aus und klebst es von innen so auf die Rolle, dass die ausgeschnittenen Öffnungen von hinten bedeckt sind. So entsteht später der schöne Leuchteffekt.

4 Das Dach wird aus einem Papierkreis geformt, den du am besten in einer anderen Farbe ausschneidest. Schneide den Kreis mittig einmal gerade bis zur Hälfte ein. Anschließend legst du den Kreis zu einem Dach zusammen und klebst ihn auf deinem Haus fest. Stelle dein fertiges Haus auf ein elektrisches Teelicht.

TIPP

Für das Dach kannst du dir ein Glas als Schablone zum Ausschneiden nehmen. Die Häuser können auch unterschiedlich hoch sein. Schneide hierzu die Toilettenpapierrolle etwas ab. Wenn die Schneidearbeiten noch zu schwer sind, lass dir von einem Erwachsenen helfen. Alternativ kannst du auch gesäuberte leere Safttüten statt Toilettenpapierrollen verwenden.

ADVENTSTÜTE RENTIER

Das brauchen wir
Kraftpapiertüten, farbiges Papier, Schere/Cutter, Kleber, Stift
Vorlage 1 von Seite 84

SO WIRD'S GEMACHT

1 Male die Vorlage für das Geweih, die Nase und die Augen des Rentiers auf dein farbiges Papier ab und schneide sie im Anschluss aus.

2 Lege die Kraftpapiertüte mit der Öffnung nach oben vor dich hin. Die obere linke und rechte Ecke faltest du einmal zur Mitte, sodass ein kleines Dach entsteht.

3 Falte nun das kleine Dach einmal nach unten und klebe die Nase so darauf, dass die Tüte verschlossen bleibt. Im Anschluss klebst du das Geweih von hinten an die Tüte und vorne noch die Augen mittig über die Nase. Wenn du magst, kannst du auf den Bauch des Rentiers eine Ziffer schreiben (Adventskalenderziffern 1–24).

TIPP

Nachdem die Nase geklebt ist, ist die Tüte verschlossen. Befülle die Tüte daher, bevor du sie verschließt. Alternativ kannst du auch die Nase halb festkleben und die Tüte später mit ihr verschließen.

WEIHNACHTSKUGEL

1

2

3

Das brauchen wir

Bastelkarton, farbiges Krepppapier, Schere/Cutter, Kleber, Stift, Band (optional)
Vorlage 2 von Seite 85

SO WIRD'S GEMACHT

1 Male die Vorlage für die Weihnachtskugel auf dein Papier ab und schneide sie anschließend aus.

2 Schneide aus dem Krepppapier erst Streifen und schneide diese dann zu kleinen Quadraten. Wenn sie ca. 5 cm x 5 cm groß sind, haben sie eine gute Größe für die Vorlage. Nun knüllst du die Quadrate zu Kugeln und legst sie bereit.

3 Klebe die Knüllkugeln auf deine Weihnachtskugel. Überlege dir dabei entweder vorher ein schönes Muster oder klebe einfach kreuz und quer, bis von der Vorlage nichts mehr zu sehen ist. Wenn du die Kugel später aufhängen willst, beklebe sie von beiden Seiten. Du kannst am oberen Bereich noch ein kleines Loch machen und dort ein Band zum Aufhängen befestigen.

TIPP

Als Untergrund für die Weihnachtskugel kann auch Kartonpappe verwendet werden (Upcycling), und wenn kein Krepppapier im Haus ist, stattdessen normales farbiges Papier. Die Größe der Quadrate ist nur beispielhaft. Wenn die Quadrate kleiner sind, werden mehr Knüllkugeln benötigt, wenn sie größer sind, weniger. Auch durch die Größe der Quadrate kann man großartige Effekte erzielen.

PAPPTELLER-ADVENTSKRANZ

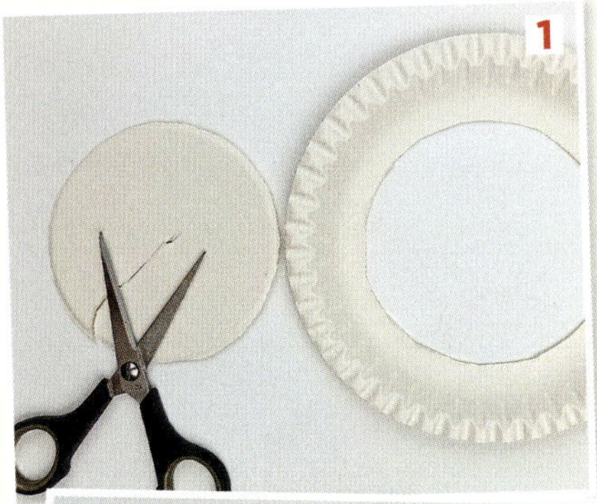

Das brauchen wir

Pappteller, verschieden grünes und andersfarbiges Papier (A4), Schere/Cutter, Kleber, Band (optional)
Vorlage 3 von Seite 85

SO WIRD'S GEMACHT

1 Lege dir einen Pappteller bereit und schneide den inneren Kreis mit der Schere aus. Wenn du vorher in die Mitte ein Loch mit der Schere stichst, kannst du den Innenkreis einfach ausschneiden.

2 Schneide aus zwei verschieden grünen Papieren ca. 2–3 cm breite Streifen aus, die Länge richtet sich nach dem Durchmesser des Papptellers. Wenn du einen kleinen Pappteller verwendest, reicht die Länge der kurzen Seite des A4-Papiers. Wenn du einen normalen Pappteller verwendest, schneide die lange Kante des A4-Papiers in Streifen.

3 Nun legst du jeweils einen Streifen um den Papptellerring herum und klebst ihn zusammen. Wechsle die Grüntöne immer ab, so lange, bis der Papptellerring einmal rundherum beklebt ist. Unter dem letzten Streifen kannst du auch ein Band zum Aufhängen verstecken.

4 Nun schneidest du in die Enden der Streifen kleine Zacken. Die Kerze kannst du aus dem übrig gebliebenen Rest des Inneren des Papptellerrings schneiden (Kerzenflammen-Vorlage). Klebe die Kerze von hinten am Adventskranz fest. Alternativ kannst du auch eine Kerze aus einer Hexentreppe (Anleitung Seite 46) oder eine Kerze wie auf Seite 18 basteln.

TIPP

Mit verschiedenen Materialien kann der Adventskranz noch verschönert werden. Hierfür kann alles verwendet werden, was das Bastellager hergibt. Das Falten und Festkleben der Papierstreifen um den Pappetellerring scheint leichter, als es vielleicht ist. Achte darauf, dass die Ecken ordentlich übereinanderliegen, damit es am Ende ein schönes Gesamtbild ergibt.

PAPIER-ADVENTSKRANZ

Das brauchen wir

Bastelkarton, weißes und andersfarbiges Papier, Schere/Cutter, Kleber, Stift, Zirkel oder 2 unterschiedlich große runde Gegenstände
Vorlage 3 von Seite 85

SO WIRD'S GEMACHT

1 Schneide aus dem Bastelkarton einen Ring aus. Hierfür verwendest du entweder einen Zirkel oder zwei unterschiedlich große runde Gegenstände. Der Innenrand sollte zwischen 2 und 4 cm breit sein.

2 Dann schneidest du aus Papier Streifen. Sie sollten so breit wie der Innenrand deines Kreises sein. Die Papierstreifen werden an beiden Enden leicht überlappend zusammengeklebt. So entsteht ein Papierring. Den schönsten Effekt erzielst du mit zwei unterschiedlichen Farbtönen.

3 Die so entstandenen Papierkreise klebst du nun auf deinen Bastelkartonkreis. Wenn du zwei Farbtöne verwendest, klebe sie immer abwechselnd, bis der Kreis komplett beklebt ist.

4 Gestalte nun aus einem weißen Papier eine Kerze. Verwende ein weißes Papier, das ca. viermal so breit ist wie die Streifen für die kleinen Kreise. Klebe beide Enden etwas überlappend zusammen und gestalte mit den Flammen (zeichne dazu die Kerzenflammen-Vorlage auf und schneide sie aus) eine Kerze, die du zuletzt an deinen Adventskranz klebst.

TIPP

Das Kleben der Papierkreise/Schlaufen kann für jüngere Kinder etwas schwierig sein, daher könnte die Hilfe eines Erwachsenen nötig sein. Die Kreise können auch vorher bereits vorbereitet werden. Mit einem Band lässt sich der Adventskranz dekorativ aufhängen.

MARIA UND CHRISTKIND

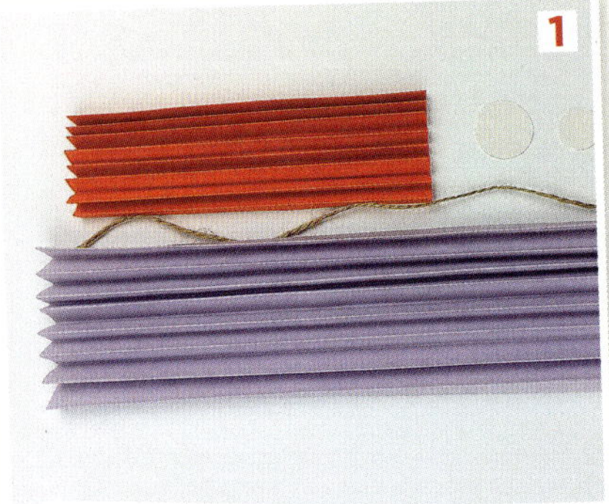

Das brauchen wir
farbiges Papier (A4), Schere/Cutter, Kleber, Band

SO WIRD'S GEMACHT

1 Aus einem A4-Papier und aus einem halben A4-Papier werden Fächer gefaltet: Fange am unteren Rand an, falte ca. 0,5 cm breit nach oben, drehe das Papier um und falte erneut ca. 0,5 cm breit in die Höhe. Dies wiederholst du so lange, bis das ganze Papier gefaltet ist.

2 Schneide zwei unterschiedliche Kreise für die Köpfe aus und bemale sie mit einem Gesicht. Genaue Anleitung dazu findest du auf Seite 74 (Schaukelengel).

3 Die gefalteten Fächer biegst du nun mittig, sodass jeweils beide Enden unten gleichmäßig abschließen. Im oberen Bereich legst du jeden Fächer wie eine Schlaufe. Hier setzt du das Gesicht ein. Um das Gesicht zu fixieren, bindest du unterhalb das Band um den Fächer.

4 Klebe zuletzt die offenen Kanten jedes Fächers unterhalb des Bandes zusammen.

TIPP

Alternativ kannst du die Gesichter auch auf den Deckel einer leeren Milchpackung kleben. Dies vereinfacht das Fixieren der Gesichter.

ORNAMENT MIT MUSTER

Das brauchen wir

etwas dickeres Papier, Papierdeckchen, Schere/Cutter, Kleber, Stift, Band (optional)
Vorlagen 2 und 4 von Seiten 85/86
Vorlage 9 von Seite 90

SO WIRD'S GEMACHT

1 Lege die entsprechende Vorlage auf dein Papier, male es ab und schneide das Ornament anschließend aus.

2 Lege ein Papierdeckchen so auf dein Ornament, dass dir das entstehende Muster gefällt, und klebe das Deckchen fest.

3 Schneide zuletzt das überstehende Papierdeckchen ab. Du kannst im oberen Bereich noch ein Band anbringen, um das Ornament später aufzuhängen.

TIPP

Wenn die Ornamente als Baumdeko verwendet werden sollen, beklebe sie von beiden Seiten. Als Untergrund eignet sich Bastelkarton, oder du schneidest die Ornamente aus alten Kartons aus.

DRACHENSTERN

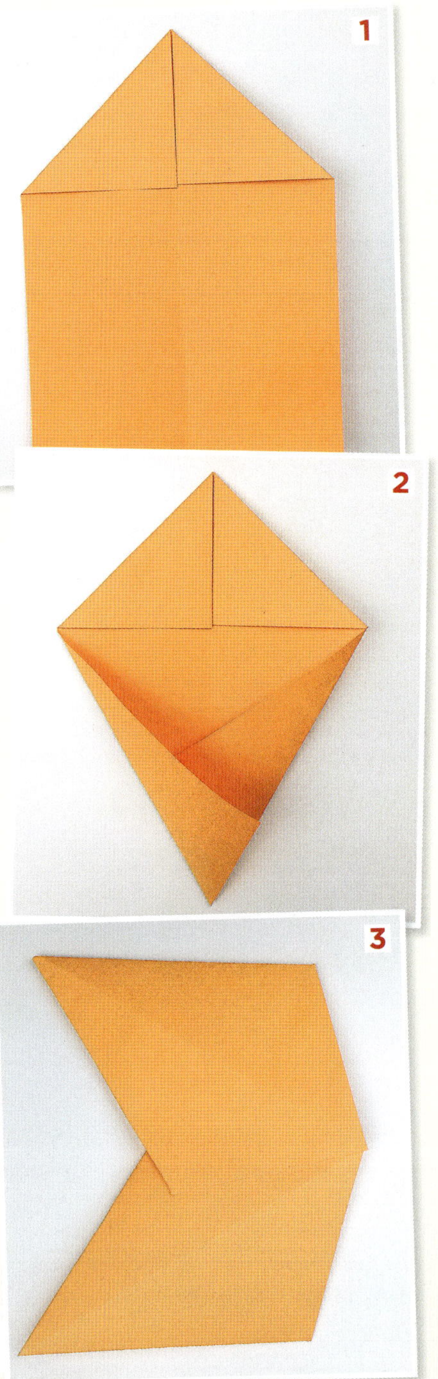

Das brauchen wir
farbiges Papier (A4), Schere/Cutter, Kleber

SO WIRD'S GEMACHT

1 Falte dein Papier erst einmal mittig und anschließend die obere linke und rechte Ecke in die Mitte, sodass ein Dach entsteht.
2 Die beiden unteren Ecken faltest du nun so, dass dein Papier die Form eines Drachens erhält. Wenn etwas Papier auf der einen Seite übersteht, schneide es ab.
3 Dies wiederholst du sechsmal. Die einzelnen Drachen klebst du, wie im Bild zu sehen, zusammen. Achte dabei darauf, dass die unteren Spitzen bündig liegen.

TIPP

Der Drachenstern misst von der oberen Spitze zur unteren Spitze aus A4-Papier gefaltet knappe 60 cm und eignet sich als Wanddeko ebenso wie als Hängedekoration. Aus Transparentpapier gefaltet ist dieser Stern eine beeindruckende Fensterdekoration.

KAFFEEFILTER-RENTIER

Das brauchen wir

Kaffeefilter, farbiges Papier, Schere/Cutter, Stift, Kleber
Faltvorlage 5 von Seite 87
Vorlage 1 von Seite 84

SO WIRD'S GEMACHT

1 Male die Rentier-Vorlage (Geweih und Augen) ab und schneide sie aus dem Papier aus.

2 Male die Faltvorlage ab und schneide sie aus. Anschließend legst du sie auf einen Kaffeefilter und faltest diesen so, dass alle Kanten an der Vorlage abschließen.

3 Entferne die Faltvorlage und klebe den Kaffeefilter entsprechend der Faltkanten zusammen. Anschließend drehst du den Kaffeefilter um und beklebst ihn mit den Augen und dem Geweih.

TIPP

Das Projekt lässt sich super als Adventskalender verwenden: Du kannst 24 einzelne Kaffeefilter-Rentiere jeweils mit einer Wäscheklammer an einer Schnur befestigen und sie mit den Ziffern 1–24 beschriften. Alternativ kannst du die Rentiere auch als kleine Geschenkverpackungen benutzen.

PAPPTELLER-NIKOLAUS

Das brauchen wir

Pappteller, rotes und andersfarbiges Papier, Schere/Cutter, Kleber
Vorlage 6 von Seite 88 (optional)

SO WIRD'S GEMACHT

1 Schneide einen weißen Pappteller mittig durch.
2 Aus farbigem Papier deiner Wahl schneidest du einen halben Kreis für das Weihnachtsmanngesicht aus, den du auf den halben Pappteller klebst. Schneide eine runde rote Papiernase aus und klebe sie mittig ins Gesicht. Male nun noch Augen auf oder verwende Wackelaugen.
3 Aus rotem Papier schneidest du für die Mütze ein spitzes Dreieck (oder Vorlage von Seite 88). Falte die obere Spitze etwas schräg herunter, das wird der Mützenzipfel. Klebe auf die Spitze einen weißen Kreis. Falte den unteren Rand des roten Dreiecks gerade ein wenig hoch. Zuletzt klebst du die Mütze auf den Pappteller.

LEBKUCHENMANN

Das brauchen wir

Toilettenpapierrolle, farbiges Papier, Schere/Cutter, Kleber, Stift, Wackelaugen (optional)

SO WIRD'S GEMACHT

1 Schneide für den Körper des Lebkuchenmanns ein Stück Papier so, dass es einmal um deine Toilettenpapierrolle passt, und klebe es daran fest.

2 Aus Papier der gleichen Farbe schneidest du einen Kopf, Arme und Beine aus. Aus einem andersfarbigen Papier schneidest du zwei Kreise aus, diese werden später die Knöpfe.

3 Bemale die ausgeschnittenen Formen entsprechend. Als Augen kannst du auch Wackelaugen verwenden. Zuletzt klebst du die Einzelteile an deine vorbereitete Toilettenpapierrolle.

TIPP

Die Lebkuchenmännchen eignen sich auch als Dekoration auf der Fensterbank.

PAPPTELLER-WICHTEL

Das brauchen wir
Pappteller, farbiges Papier, Schere/Cutter, Kleber

SO WIRD'S GEMACHT

1 Schneide den Pappteller in der Mitte durch.

2 Lege den halben Pappteller auf ein farbiges Papier und male dir eine spitze Mütze für den Wichtel vor. Schneide sie aus. Schneide eine etwas größere ovale Nase aus einem entsprechend andersfarbigen Papier aus.

3 Um den Bart plastischer zu gestalten, schneide in den äußeren gerundeten Bereich des Papptellers. Du kannst die Streifen abwechselnd etwas nach oben und unten biegen. Um eine kleine Welle zu gestalten, biege das Ende um einen Stift. Zuletzt klebst du die Mütze und Nase auf den geraden Teil des Papptellers.

TIPP

Probiere unterschiedliche Farben für die Mützen aus.

SCHNEEKUGEL

Das brauchen wir

farbiges Papier, Schere/Cutter, Kleber, Stift, Locher

Vorlage 7 von Seite 89

SO WIRD'S GEMACHT

1 Lege die Vorlagen auf entsprechend farbiges Papier. Zeichne sie ab und schneide sie anschließend aus.

2 Klebe den Baumstamm und die -krone in die Schneekugel. Danach klebst du den Schneekugelhalter am unteren Rand der Kugel fest.

3 Mit einem Locher stanzt du viele Kreise aus farbigem Papier aus. So entstehen kleine Weihnachtskugeln, die du zuletzt auf deinen Baum klebst.

TIPP

Als hängende Dekoration sollte die Schneekugel von beiden Seiten beklebt sein. Es können auch andere Motive in die Kugel gebastelt werden, wie z.B. ein Schneemann oder ein Bild.

GRINCH

Das brauchen wir

Pappteller (am besten in Grün; alternativ in Weiß und grüne Farbe zum Anmalen), gelbes und andersfarbiges Papier, Schere/Cutter, Kleber, schwarzen Stift, weiße Pompons oder Wattebäusche

Vorlage 6 von Seite 88

SO WIRD'S GEMACHT

1 Zeichne die Vorlage für die Mütze ab und schneide sie aus. Aus gelbem Papier schneidest du zwei katzenartige Augen aus.

2 Am einfachsten ist es, du verwendest einen grünen Pappteller. Wenn du keinen hast, dann male alternativ einen weißen Pappteller grün an. Wenn er gut getrocknet ist, kannst du weiterbasteln. Male mit dem schwarzen Stift die Grinch-Nase und den -Mund auf den Pappteller und klebe die Augen auf.

3 Nun legst du die Mütze vor dich und faltest die obere Spitze nach links (siehe Bild). Klebe die Mütze auf den Pappteller. Im Anschluss beklebst du den unteren Rand der Mütze mit weißen Pompons oder Wattebäuschen und klebst auch einen auf die Spitze der Mütze.

TIPP

Es gibt bereits farbige Pappteller im Bastelgeschäft. Solltest du mit weißen Papptellern basteln, verwende am besten Tuschefarbe, um den Pappteller grün zu malen. Alternativ kannst du auch aus grünem Papier einen Kreis ausschneiden, um ihn als Kopf zu verwenden.

GLÖCKCHEN AM BLATT

Das brauchen wir

gelbes und grünes Papier, Schere/Cutter, Kleber, Stift, 2 weiße Pompons, 3 rote Pompons, kleine Schale oder Zirkel

Vorlage 8 von Seite 90

SO WIRD'S GEMACHT

1 Für die Glocken benötigst du zwei gleich große Kreise, ca. 8 cm. Zeichne die Kreise auf das gelbe Papier und schneide sie aus, du kannst hierfür eine kleine Schale oder einen Zirkel als Schablone verwenden.

2 Für die Blätter benötigst du grünes Papier und die Vorlage. Zeichne sie ab und schneide sie aus. Nun falte das Blatt einmal längs, so entsteht ein plastischer Effekt. Du brauchst drei Blätter.

3 Lege einen gelben Kreis vor dich, drehe die linke und rechte Seite nach oben zusammen und fixiere sie mit Kleber. So entsteht eine Glocke. Klebe einen weißen Pompon in die Glocke. Stelle auf dieselbe Weise die zweite Glocke her. Die drei Blätter klebst du wie auf dem Bild liegend zusammen. Darauf werden die zwei Glöckchen geklebt. Zuletzt klebst du die drei roten Pompons oberhalb der Glöckchen auf die Blätter.

TIPP

Die Glöckchen am Blatt eignen sich auch ausgezeichnet zur Deko an Geschenken und für den Adventskranz.

WINTERLANDSCHAFT

Das brauchen wir

Zeitungspapier, schwarzes und weißes Papier, Schere/Cutter, Kleber, schwarzen Stift, weißen Stift

SO WIRD'S GEMACHT

1 Zeichne auf das Zeitungspapier einfache Formen wie Quadrate und Vierecke und schneide sie aus. Daraus entstehen später deine Häuser.

2 Nun platzierst du die Hauskörper auf deinem schwarzen Papier und klebst sie fest. Auf das weiße Papier zeichnest du entsprechend passende (Schnee-)Dächer und schneidest sie aus.

3 Anschließend klebst du die Schneedächer auf. Mit einem schwarzen Stift malst du Türen und Fenster auf die Häuser. Die Schneeflocken entstehen dann durch vorsichtiges Punkten mit dem weißen Stift auf dem schwarzen Papier.

TIPP

Die Hauskörper können auch mit einem Lineal vorgezeichnet werden. Einen anderen Effekt ergeben gelbe Fenster auf den Häusern.

PAPPTELLER-TANNENBAUM

Das brauchen wir

grünen Pappteller, rotes und andersfarbiges Papier, Schere/Cutter, Stift, Kleber

SO WIRD'S GEMACHT

1 Schneide den Pappteller in drei unterschiedlich große Dreiecke. Am besten zeichnest du dir die Linien vorher vor.

2 Zeichne einen Tannenbaumstamm und einen Stern auf entsprechend farbiges Papier und schneide sie aus. Aus rotem Papier schneidest du kleine Quadrate, die du anschließend zu kleinen Kugeln knüllst. Du brauchst mindestens acht Kügelchen.

3 Klebe nun an den unteren Rand des größten Papptellerstücks den Stamm. Anschließend werden die anderen beiden Papptellerstücke über das erste geklebt, sodass eine Tannenbaumform entsteht. Oben auf die Spitze klebst du den Stern. Zuletzt klebst du die Papierkügelchen verteilt auf deinen Tannenbaum.

TIPP

Der Pappteller-Tannenbaum kann auch mit anderen Materialien beklebt werden. Alles, was das Bastellager hergibt, kann zum Schmücken genommen werden.

STERNENLICHT

1

2

3

Das brauchen wir

farbigen Bastelkarton, Schere/Cutter, Kleber, Stift, Teelicht
Vorlage 10 von Seite 91

SO WIRD'S GEMACHT

1 Zeichne die Vorlage zweimal ab und schneide sie aus dem Karton aus. Besonders schön wird es, wenn du verschiedene Farben verwendest.

2 Lege die beiden Sterne übereinander und klebe sie fest.

3 Schneide einen Streifen Bastelkarton so aus, dass er einmal um dein Teelicht passt, und klebe ihn um das Teelicht. Zuletzt klebst du das Teelicht mittig auf deine Sterne.

TIPP

Es kann auch ein elektrisches Teelicht verwendet werden. Achte beim Dekostreifen des Teelichtes darauf, dass es nur so hoch ist wie die Aluminiumschale des Lichtes. Die Sterne können noch mit Sternchen oder Pailletten verziert werden. Diese Bastelei eignet sich auch als kleines Weihnachtsgeschenk.

WEIHNACHTSKERZE

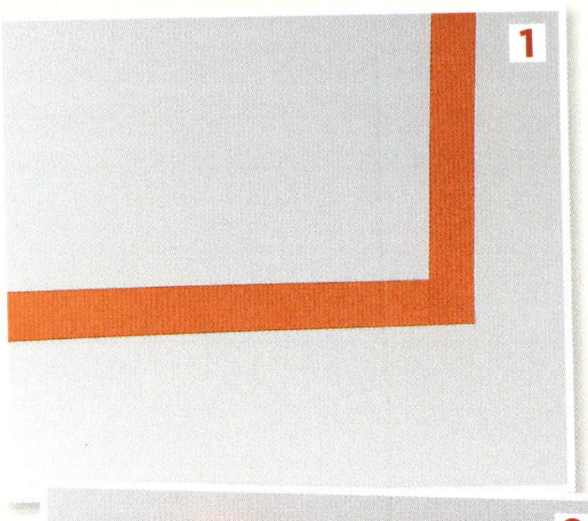

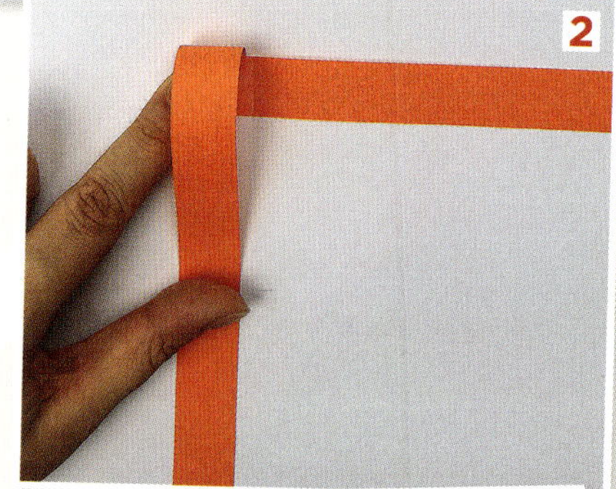

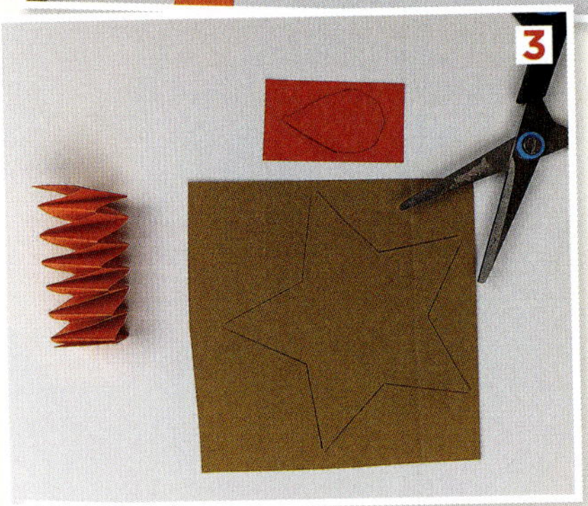

Das brauchen wir

Bastelkarton, rotes, gelbes und andersfarbiges Papier, Schere/Cutter, Kleber, Stift
Vorlagen 3 und 10 von Seiten 85 und 91

SO WIRD'S GEMACHT

1 Als Erstes wird für den späteren Kerzenkörper eine Hexentreppe gefaltet: Verwende dazu zwei Papierstreifen, die du ca. 2 cm breit und 10 cm lang ausgeschnitten hast. Lege sie wie auf dem Bild vor dich hin und klebe sie an den unteren Kanten fest.

2 Anschließend faltest du zuerst den oberen Streifen nach unten über die Klebekanten. Danach faltest du den rechten Papierstreifen nach links hinüber. Dann wird der Papierstreifen von unten nach oben gefaltet und danach von links nach rechts. Beginne wieder von vorn und wiederhole dieses Muster, bis die Papierstreifen aufgefaltet sind. Fixiere den oberen Streifen zum Schluss mit Kleber.

3 Zeichne nun die Vorlage ab und schneide den großen Stern aus. Aus rotem und gelbem Papier gestaltest du die Kerzenflamme.

4 Klebe zuletzt deine Hexentreppe mittig auf den Stern und befestige oberhalb eine Flamme. Durch die Hexentreppe-Falttechnik kann die Kerze aufrecht stehen.

TIPP

Diese Kerze eignet sich auch sehr schön für die Fensterbank-Dekoration. Die Kerzenhöhe kann durch die Länge der Papierstreifen verändert werden.

PAPPHALM-STERN

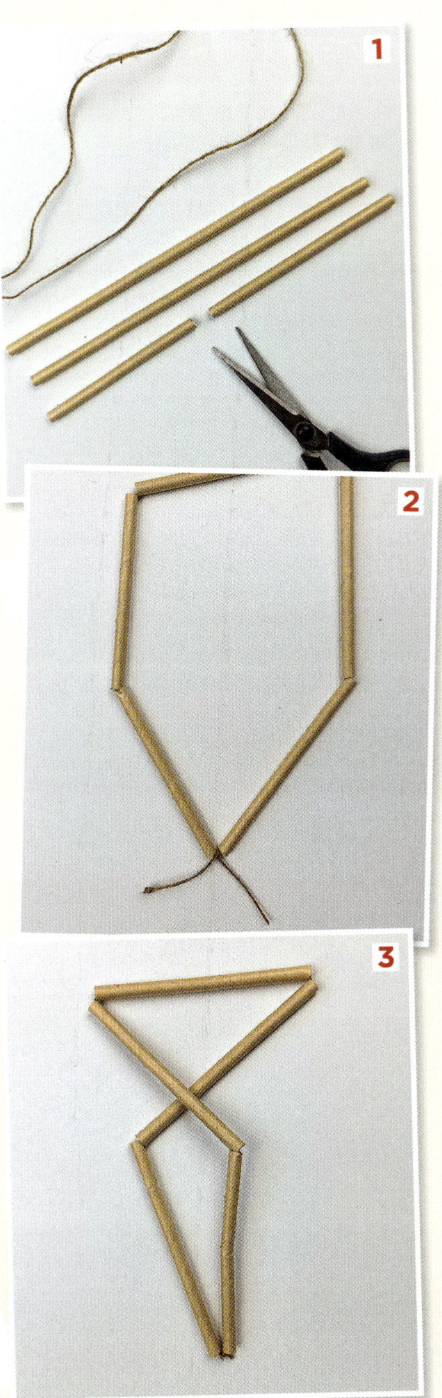

Das brauchen wir

3 Papp-Strohhalme, Schere/Cutter, Band

SO WIRD'S GEMACHT

1 Schneide jeden der drei Strohhalme in der Mitte mit der Schere durch.

2 Für einen Stern benötigst du fünf halbe Strohhalme. Fädle die Strohhalme auf dein Band und knote dieses zu. Dann legst du die Strohhalmkette wie auf dem Bild mit der Spitze nach unten vor dich.

3 Lege die untere linke Ecke über die untere rechte Ecke, sodass die Strohhalmkette wie auf dem Bild aussieht. Als Nächstes schiebst du die unten entstandene Spitze unter den oben gerade liegenden Strohhalm. Schiebe die Strohhalme nun so, dass ein Stern entsteht.

TIPP

Es gibt im Handel mittlerweile neben schlichten Pappstrohhalmen auch viele unterschiedlich bunte. Die Papphalm-Sterne eignen sich als Hängedeko und außerdem als kleine Ergänzung auf Geschenken.

SCHNEEFLOCKEN

Das brauchen wir
farbiges Papier, Schere/Cutter, Stift

SO WIRD'S GEMACHT

1 Lege dein Papier so vor dich hin, wie auf dem Bild zu sehen ist, und falte die untere Ecke einmal nach oben. Den Faltknick streichst du fest. Nun faltest du die linke Spitze nach rechts bündig auf die rechte Spitze. Streiche den Faltknick nach.

2 Dann wird die obere Spitze auf die Spitze rechts unten bündig gefaltet. Streiche den entstandenen Faltknick fest. Als Nächstes faltest du die obere Spitze bündig auf die untere Kante. Streiche den Faltknick fest. Anschließend malst du ein Schneeflockenmuster auf und schneidest es aus.

3 Auf dem Bild siehst du ein paar Ideen für Muster, die du abmalen kannst. Nachdem du dein Muster ausgeschnitten hast, faltest du das Papier vorsichtig auf.

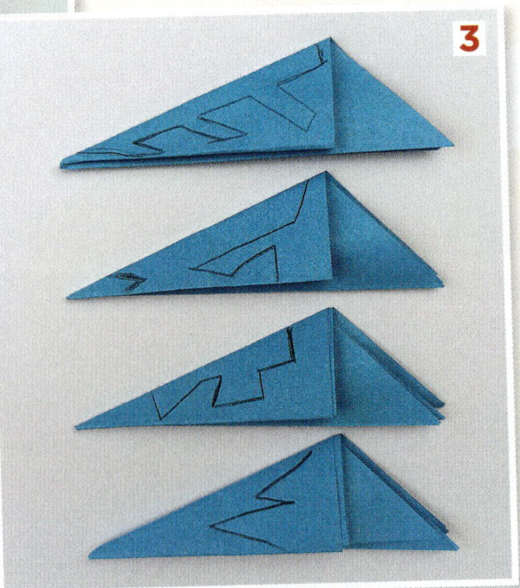

TIPP

Am leichtesten funktioniert das Projekt mit Origami-Papier. Du kannst aber auch ein normales A4-Papier verwenden, das du zu einem Quadrat faltest: Lege dazu ein A4-Papier vor dich, lege die rechte obere Ecke auf die linke lange Seite hinüber. Schneide den unteren Teil gerade ab und falte das Papier wieder auf. Nun hast du ein Quadrat zum Schneeflockenfalten.

HÄNGEGIRLANDE

Das brauchen wir
rotes Papier (A4), hautfarbenes Papier, Schere/ Cutter, Kleber, Wackelaugen, Watte, Pompon

SO WIRD'S GEMACHT

1 Schneide ein rotes A4-Papier an der kurzen Seite in jeweils ca. 2–3 cm breite Streifen. Falte die Streifen jeweils in der Mitte und schneide sie einmal durch.

2 Nimm den ersten Streifen zur Hand und trage an beiden Enden des Streifens etwas Kleber auf. Nun klebst du die Enden so zusammen, dass ein Kreis entsteht. Halte die geklebten Enden kurz fest, dann hält es besser. Anschließend nimmst du deinen nächsten Streifen, fädelst ihn durch den Kreis und klebst ihn danach wieder zu einem Kreis zusammen. Dies wiederholst du ca. achtmal.

3 Als Letztes wird ein Streifen hautfarbenes Papier verwendet. Nun gestaltest du mit Wackelaugen, etwas Watte für den Bart und dem Pompon für die Nase ein Weihnachtsmanngesicht. Zum Schluss schneidest du aus etwas rotem Papier eine spitze Mütze und klebst sie auf dem letzten Kreis fest.

TIPP

Mit anderen Farben können weitere weihnachtliche Girlanden gestaltet werden: Aus braunem Papier wird leicht ein Rentier, aus weißem ein Schneemann, aus grünem kann ein Tannenbaum oder Wichtel gestaltet werden. Deiner Fantasie sind keine Grenzen gesetzt. Die Girlanden können aufgehängt oder an Fenster geklebt werden.

PAPIERTÜTEN-STERN

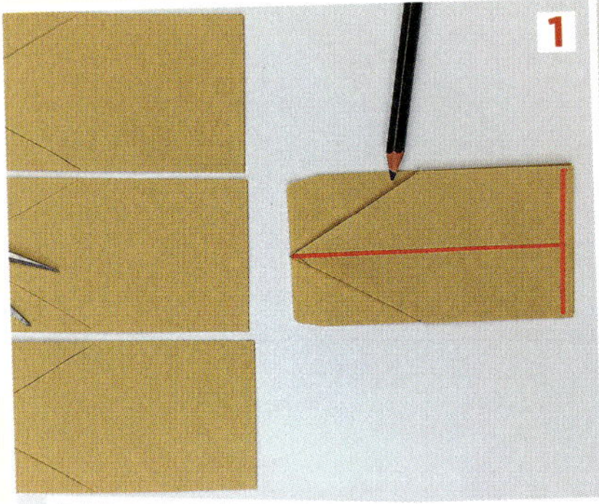
1

2

3

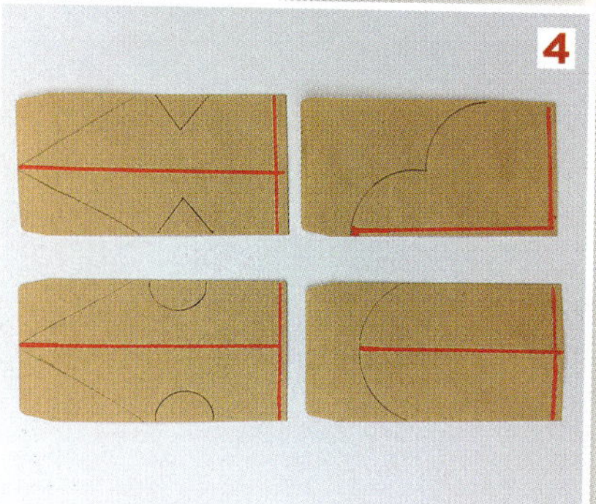
4

Das brauchen wir
6–9 Papiertüten, Schere/Cutter, Kleber, Stift, Band, Wäscheklammer (optional)

SO WIRD'S GEMACHT

1 Je nach Größe und Schnittmuster der Papiertüten benötigst du 6–9 Papiertüten für einen Stern. Schneide deine Tüten mit dem gleichen Muster vor. Auf dem Bild stellt die graue Linie die Schnittlinie da. Schneide dir eine Vorlage, male diese dann auf deine anderen Tüten ab und schneide sie entsprechend zu. Die rote Linie zeigt dir die Klebelinie. Trage auf die erste Tüte wie ein T, das auf dem Kopf steht, Kleber auf und lege eine zugeschnittene Tüte darauf. Nun folgt wieder etwas Kleber wie ein umgedrehtes T und eine weitere Tüte. Wiederhole dies sechsmal.

2 Falte anschließend den Stern vorsichtig auf. Kannst du ihn einmal ganz herum falten? Dann hast du ausreichend Tüten verwendet. Geht es nicht, klebe noch 1–3 weitere Tüten wie im Schritt vorher dazu.

3 Wenn ausreichend Tüten geklebt wurden, bringst du in der Mitte mit ausreichend Kleber ein Band an. Falte nun deinen Stern vorsichtig auf und klebe beide Enden zusammen. Halte die Klebestelle kurz gut gedrückt fest oder verwende alternativ eine Wäscheklammer zum Fixieren.

4 Wenn der Stern gut getrocknet ist, kannst du ihn als Deko aufhängen. Auf dem Bild siehst du weitere Schnittmuster. Die schwarze Linie ist die Schnittlinie, die rote die Klebelinie.

TIPP

Für diese Bastelei sind viele Arten von Tüten geeignet, klassisch sind Sterne aus Butterbrottüten. Hier wurden für die Bilder Kraftpapiertüten verwendet. Es können auch weitere Muster und kleine Ornamente in die Tüten geschnitten werden.

SERVIETTEN-NIKOLAUS

Das brauchen wir
rote Serviette (alternativ rotes Papier), weißes Papier-Muffinförmchen, Schere/Cutter, rosafarbenen Stift, schwarzen Stift, Wackelaugen

SO WIRD'S GEMACHT

1 Lege dir alle Materialien bereit. Alternativ kannst du statt der Serviette auch rotes Papier verwenden.

2 Falte deine Serviette wie auf dem Bild gezeigt, sodass ein Dreieck entsteht. Die schwarzen Linien zeigen dir die Faltknicke. Drehe die Serviette anschließend einmal um.

3 Das Muffinförmchen wird etwas höher als mittig etwas eingeschnitten, siehe schwarze Linie auf dem Bild. Durch diesen Schnitt fädelst du die obere Spitze der Serviette, sie wird die Mütze des Weihnachtsmannes und die Mitte des Förmchens der Kopf. Wenn du die richtige Position für das Gesicht gefunden hast, verziere es mit den Wackelaugen, male einen schwarzen Bart und rosafarbene Knöpfe auf die Serviette.

TIPP

Der Servietten-Weihnachtsmann eignet sich besonders gut für die Tischdeko.

HÄNGE-WEIHNACHTSBAUM

Das brauchen wir
farbiges Papier, Schere/Cutter, Stift, runde Schüssel oder Zirkel

SO WIRD'S GEMACHT

1 Zeichne mithilfe einer runden Schüssel oder eines Zirkels einen Kreis auf dein Papier und schneide ihn anschließend aus.
2 Schneide den Kreis in der Mitte durch. Lege einen Halbkreis zum Falten vor dich. Auf dem Bild siehst du beispielhafte Knickfalten. Ob du drei, vier, fünf oder mehr Knickfalten machst, ist ganz dir überlassen. Es entsteht jedes Mal ein toller Weihnachtsbaum.
3 Knicke den Halbkreis von der runden Seite einmal quer um. Falte nicht gerade, sondern etwas schief versetzt, so entstehen geschwungene Tannenebenen. Nun faltest du wieder zur anderen Seite und wiederholst dies, bis dein Tannenbaum fertig ist.

TIPP

Um den Tannenbaum aufzuhängen, kann ein Band eingeklebt werden. Mit Papier, das beidseitig verschieden bedruckt ist, entstehen tolle Effekte. Um es einfacher zu machen, kann ein Baum vorgefaltet und dann als Faltvorlage verwendet werden. Der Tannenbaum eignet sich auch als Deko für Karten und Geschenke.

DIE HEILIGEN DREI KÖNIGE

Das brauchen wir

verschieden hautfarbenes, gelbes und andersfarbiges Papier, Schere/Cutter, Kleber, Stift, Schüssel oder Zirkel, kleinen runden Gegenstand (z.B. Tesafilmrolle)
Vorlage 11 von Seite 92

SO WIRD'S GEMACHT

1 Male auf drei verschiedenfarbige Papiere jeweils einen Kreis der gleichen Größe. Nimm dir dazu eine Schüssel oder einen Zirkel zu Hilfe. Schneide die Kreise anschließend aus.
2 Nun faltest du erst eine Seite des Kreises etwas schief nach innen und dann die gegenüberliegende Seite, siehe Bild. So entsteht der Königskörper. Falte alle drei Kreise so. Damit es besser hält, kannst du die beiden Seiten mit etwas Kleber fixieren.
3 Schneide aus Papier in unterschiedlichen Hauttönen kleine Köpfe aus. Passe dabei die Größe dem bereits gefalteten Körper an, als Vorlage kannst du z.B. eine Tesafilmrolle verwenden. Aus gelbem Papier schneidest du entsprechende Kronen aus. Als Hilfe kannst du ein Quadrat in der Breite des Kopfes schneiden und dann oben kleine Dreiecke einschneiden. Klebe die Kronen auf die Köpfe. Male zuletzt kleine Gesichter auf und klebe die gekrönten Köpfe auf die Körper.

TIPP

Die Könige können noch weiter bemalt und verziert werden.

PAPIERDECKCHEN-ENGEL

Das brauchen wir

2 runde Papierdeckchen, hautfarbenes Papier, Schere/Cutter, Stift, Kleber, Band

SO WIRD'S GEMACHT

1 Das erste Papierdeckchen wird der Körper. Hierzu faltest du erst die rechte Seite halb schief nach links und anschließend die linke Seite halb schief nach rechts, siehe Bild. Fixiere die beiden Seiten mit etwas Kleber. Auf ein hautfarbenes Papier malst du dann einen kleinen Kreis und schneidest ihn aus.

2 Aus dem zweiten Papierdeckchen bastelst du die Flügel. Schneide es einmal mittig durch. Der Halbkreis ist eine von zwei verwendeten Flügelarten. Den zweiten Halbkreis schneidest du noch mal mittig durch. Dies ist die zweite Art Flügel.

3 Klebe entweder den Halbkreis unter den Körper oder die zwei anderen Flügel etwas schief nach oben an den Körper, siehe Bild. Male ein Gesicht auf den kleinen Kreis und klebe auf der Rückseite das Band fest. Klebe zuletzt den Kopf auf den Körper.

TIPP

Wenn keine Papierdeckchen zur Hand sind, kann auch normales Papier, Zeitungspapier oder Notenpapier verwendet werden.

PAPIERROLLE-STERN

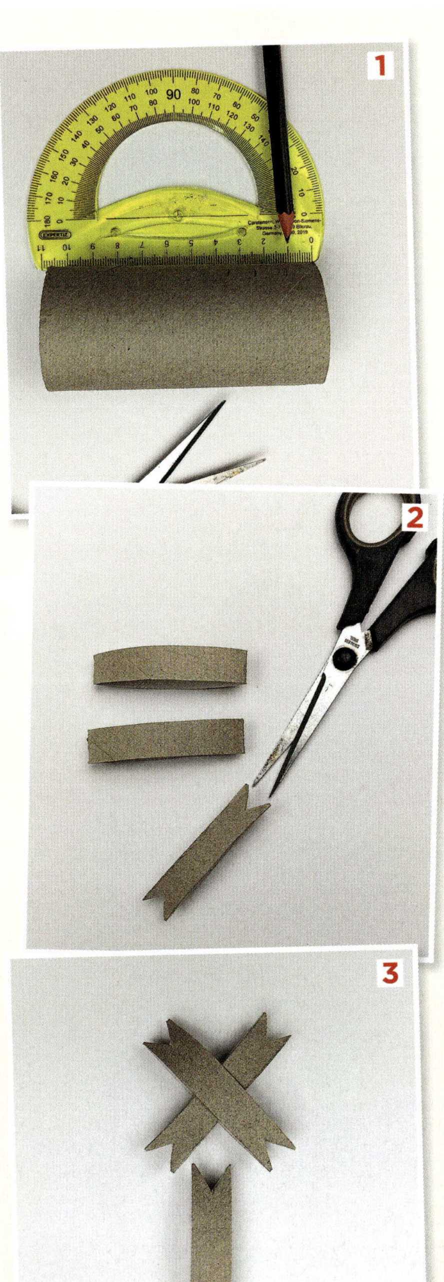

Das brauchen wir

Toilettenpapierrolle, Schere/Cutter, Kleber, Stift, Lineal (optional)

SO WIRD'S GEMACHT

1 Schneide von einer Toilettenpapierrolle drei ca. 1 cm breite Streifen ab. Am einfachsten ist es, wenn du dir Markierungen mithilfe eines Lineals an die Rolle zeichnest. Die Streifen sollten aber nicht breiter als 2 cm sein.

2 In jeden Streifen schneidest du oben und unten einen Zacken hinein, wie ein kleines Dreieck. Verwende den ersten als Vorlage für die anderen, das macht es leichter für dich.

3 Schiebe nun den ersten Streifen über den zweiten Streifen, sodass ein X entsteht, und fixiere sie mit Kleber, siehe Bild. Den dritten Streifen schiebst du mittig über das X und fixierst ihn mit etwas Kleber.

TIPP

Die Streifen können vorher mit Washi-Tape beklebt oder die Toilettenpapierrollen bunt angemalt werden. Auch das anschließende Bemalen mit weißen oder farbigen Stiften erzeugt wunderschöne Effekte. Zum Aufhängen kannst du zuletzt ein Band durch den Stern ziehen. Daran können außerdem noch Perlen gefädelt werden. Die Sterne eignen sich als Hängedeko oder zur Verschönerung von Geschenken.

ADVENTSKERZE FALTEN

Das brauchen wir

grünes Origami-Papier, weißes, rotes und gelbes Papier, Schere/Cutter, Kleber

SO WIRD'S GEMACHT

1 Zuerst faltest du das grüne Blatt für die Kerze, schau dir dazu das Bild an, dort sind alle Schritte zu sehen: Lege dein Origami-Papier vor dich, siehe Bild. Falte erst die obere rechte Spitze auf die untere linke Spitze und falte das Papier wieder auf. Falte nun die obere rechte Spitze bis zur Mittellinie. Falte die untere linke Spitze bis zur Mittellinie. Falte danach die obere rechte Längskante bis zur Mittellinie. Falte dann die untere linke Längskante bis zur Mittellinie. Zuletzt faltest du die untere rechte Spitze schräg nach oben rechts, sodass die beiden Spitzen auf einer Höhe sind.

2 Für die Kerze schneidest du ein Stück weißes Papier aus. Es sollte ca. 4 cm breit und 13 cm lang sein. Aus rotem und gelbem Papier schneidest du die Bestandteile der Kerzenflamme aus und klebst sie zusammen. Die fertige Kerze klebst du zum Schluss unten in den Faltknick des Blattes.

TIPP

Wenn kein Origami-Papier zur Hand ist, kann auch ein A4-Papier verwendet werden. Siehe hierzu den Tipp auf Seite 51. Die Adventskerzen eignen sich sehr schön als Fensterdeko oder für Karten und Geschenke.

MUFFINFORM-ENGEL

Das brauchen wir

Papier-Muffinförmchen, hautfarbenes, gelbes/andersfarbiges Papier, Schere/Cutter, Kleber, Stift, kleinen runden Gegenstand (z.B. Tesafilmrolle)

SO WIRD'S GEMACHT

1 Für einen Engel benötigst du zwei Muffinförmchen. Das erste Muffinförmchen wird der Körper. Falte das Muffinförmchen einmal in der Mitte zusammen und streiche es glatt. Falte nun beide äußeren Spitzen jeweils halb zur Mitte und fixiere sie mit etwas Kleber. Anschließend drehst du die Muffinförmchen um. Das zweite Muffinförmchen wird zum Flügel. Falte es hierzu einmal mittig zusammen und streiche es glatt. Dann klebst du es von hinten am Körper fest.

2 Für den Kopf schneidest du einen Kreis aus hautfarbenem Papier deiner Wahl aus. Hier eignet sich als Vorlage der Innenkreis einer Tesafilmrolle. Aus gelbem oder andersfarbigem Papier schneidest du für die Haare ein längliches Rechteck aus, das etwas breiter ist als dein Kreis. Lege den Kreis in den oberen Bereich des Rechtecks, klebe ihn fest und falte die obere Kante des Rechtecks nach unten. So entsteht der Pony. Anschließend schneidest du die Frisur des Engels in Form und malst ein Gesicht auf. Klebe den Kopf auf den Körper.

TIPP

Du kannst die Engel ganz klassisch mit weißen Muffinförmchen oder bunt und peppig gestalten, so wie es dir gefällt. Die kleinen Engel eignen sich mit Band als Hängedeko, für Karten oder Geschenke.

WEIHNACHTSKARTE

Das brauchen wir

Kraftpapier (A4), Zeitungspapier, Keksausstecher, Schere/Cutter, Kleber, Stift, weißen Stift (optional)

SO WIRD'S GEMACHT

1 Lege Keksausstecher auf das Zeitungspapier und male die Formen mit einem Stift ab. Anschließend schneidest du die Formen aus.

2 Aus einem Bogen A4-Kraftpapier schneidest du vier Karten. Klebe jeweils deine aus Zeitungspapier geschnittene Form auf deine Karte und verziere sie entsprechend mit z.B. einem weißen Stift. Auf die Rückseite kannst du deine Weihnachtsgrüße schreiben.

TIPP

A4-Kraftpapier eignet sich sehr gut für selbst gestaltete Karten. Alternativ kannst du auch Karten-Rohlinge benutzen oder buntes Papier. Du kannst viele Ideen aus diesem Buch verwenden, um deine Karte zu verschönern.

SCHICHTSTERN

Das brauchen wir

farbiges Papier, Schere/Cutter, Kleber, Stift, Band, kleine Nadel (optional)
Vorlage 10 von Seite 91

SO WIRD'S GEMACHT

1 Male die sechs verschieden großen Sterne der Vorlage ab und schneide sie aus. Am besten wirkt es, wenn du zwei verschiedene Farbtöne verwendest, einen hellen und einen dunkleren.
2 Klebe nun die ausgeschnittenen Sterne beginnend mit dem größten übereinander, sodass die Spitzen nicht übereinanderliegen. Wenn du den Stern als Hängedeko verwenden möchtest, beklebe auch die Rückseite mit den Sternen. Zum Anbringen eines Bandes kannst du mit einer kleinen Nadel ein Loch in die obere Spitze stechen oder das Band festkleben.

TIPP

Wenn die Sterne mit Bastelkarton gebastelt werden, sind sie stabiler. Mit verschiedenen Farben entstehen tolle Effekte. Die Sterne eignen sich als Hängedeko, zum Verzieren von Karten und Geschenken.

SCHAUKELENGEL

1

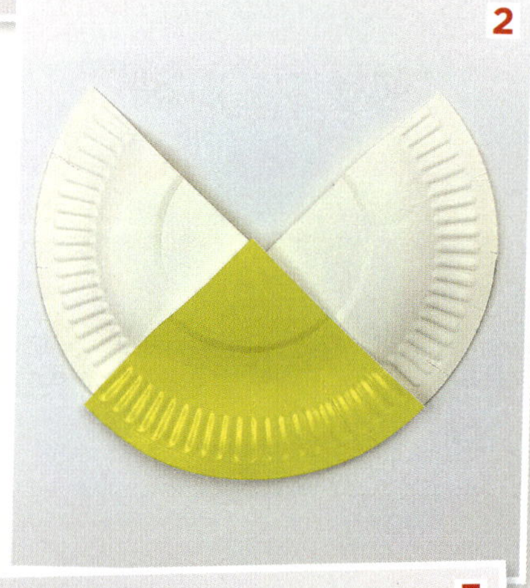
2

3

Das brauchen wir

weißen Pappteller, hautfarbenes, gelbes/andersfarbiges Papier, Schere/Cutter, Kleber, Stift, Tuschefarbe

SO WIRD'S GEMACHT

1 Schneide ein Dreieck aus dem Pappteller, es sollte ungefähr ein Drittel der Tellergröße betragen, siehe Bild.

2 Male das Dreieck an und lasse es trocknen. Das Dreieck stellt den Körper des Engels dar. Klebe ihn auf den verbleibenden Teil des Papptellers wie auf dem Bild zu sehen. Wichtig ist dabei, dass beide Rückseiten des Papptellers zusammengeklebt werden. Dadurch kann der Engel stehen und schaukeln.

3 Für den Kopf schneidest du einen Kreis aus hautfarbenem Papier deiner Wahl aus. Aus gelbem oder andersfarbigem Papier schneidest du für die Haare ein längliches Rechteck aus, das etwas breiter ist als dein Kreis. Lege den Kreis in den oberen Bereich des Rechtecks, klebe ihn fest und falte die obere Kante des Rechtecks nach unten. So entsteht der Pony. Anschließend schneidest du die Frisur des Engels in Form und malst ein Gesicht. Klebe den Kopf auf den Körper.

TIPP

Die Flügel können auch mit Bastelfedern beklebt werden. Durch die Verwendung von farbigen Bastel-Papptellern statt weißen muss der Körper nicht mehr angemalt werden.

STEH-/LICHTENGEL

Das brauchen wir

farbiges Papier, Schere/Cutter, Stift
Vorlage 12 von Seite 93

SO WIRD'S GEMACHT

1 Male die Vorlage auf dein Papier ab. Schneide den Kreis aus.

2 Schneide die Linien nach.

3 Drehe nun die beiden Flügel so ineinander, dass du die beiden Längslinien ineinanderschieben kannst. Fertig ist dein Stehengel.

TIPP

Durch die Verwendung von Transparentpapier wird der Engel zum Lichtengel. Du kannst dann unter den Engel ein elektrisches Teelicht stellen.

HÄNGENDER FALTENGEL

Das brauchen wir
2 Origami-Papiere, Kleber, Band, Holzkugel, Stift (optional)

SO WIRD'S GEMACHT

1 Lege ein Blatt Origami-Papier vor dich und falte es einmal bis zur Mitte. Falte es nun erneut bis zur Mitte und wiederhole dies, bis der Streifen nur noch ca. 2 cm breit ist. Dadurch erhältst du gleich große Streifen.

2 Falte das Blatt Papier wieder auf. Nun knickst du den untersten Streifen nach oben, drehst dein Blatt um und knickst wieder den untersten Streifen nach oben. Drehe das Blatt erneut um und wiederhole die Schritte, bis du alle Streifen einmal hochgeknickt hast. Mit dem zweiten Blatt verfährst du genauso.

3 Anschließend knickst du bei beiden Blättern das obere Drittel nach unten, siehe Bild. Dies werden die Flügel. Lege ein Band zwischen die beiden gefalteten Blätter und klebe es gut fest. Klebe dann die beiden Körperteile zusammen. Als Kopf wird auf das Band eine Holzkugel gefädelt. Du kannst der Kugel ein Gesicht malen, wenn du magst.

TIPP

Wenn kein Origami-Papier zur Hand ist, kann auch A4-Papier verwendet werden, das zu einem Quadrat gefaltet wurde, siehe hierzu den Tipp auf Seite 51. Besonders stimmungsvoll sehen die Engel auch aus Zeitungspapier oder Notenpapier aus.

FALTSTERN

Das brauchen wir

2 Origami-Papiere, Schere/Cutter, Kleber, Band (optional)

SO WIRD'S GEMACHT

1 Falte deine zwei Origami-Papiere in Ziehharmonikas: Falte die unterste Kante ca. 1 cm nach oben, drehe nun das Blatt um und falte erneut die unterste Kante ca. 1 cm nach oben, wiederhole diese Schritte, bis das Blatt komplett gefaltet ist. Du kannst auch die Faltanleitung von Seite 78 verwenden.

2 Falte die Ziehharmonikas jeweils hälftig und klebe sie zusammen.

3 Die oberen Enden werden spitz zugeschnitten und in eine Seite kann ein kleines Dreieck geschnitten werden. Klebe anschließend die beiden Papiere an einer Seite zusammen.

4 Falte den Stern nun vorsichtig auf und klebe die unteren Kanten zusammen. Hier kannst du zum Aufhängen auch ein Band einkleben.

TIPP

Wenn kein Origami-Papier zur Hand ist, kann auch ein Quadrat aus einem A4-Papier gefaltet werden, siehe hierzu den Tipp auf Seite 51. Die Größe des Quadrates bestimmt nachher die Größe des Sternes. Es können auch andere Papierformate verwendet werden. Wichtig ist nur die Ausgangsform, das Quadrat.

SCHNEEMANN

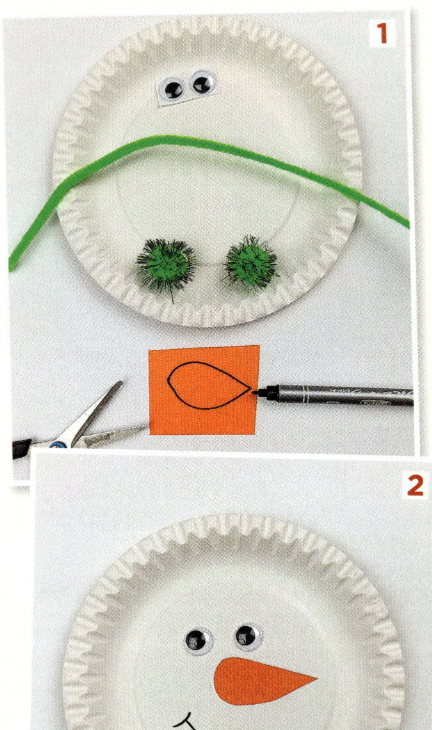

Das brauchen wir

Pappteller, oranges Papier, Schere/Cutter, Stift, Wackelaugen, Pfeifenputzer, Pompons

SO WIRD'S GEMACHT

1 Lege dir alle Materialien bereit und male auf ein Stück oranges Papier eine karottenartige Nase. Schneide diese aus.

2 Klebe die Nase und die Wackelaugen auf deinen Pappteller und male einen Mund auf.

3 Forme den Pfeifenputzer halb rund und klebe an das jeweilige Ende einen Pompon. Das sind die Ohrenschützer. Klebe sie zuletzt auf den Kopf des Schneemannes auf.

TIPP

Anstatt Wackelaugen können die Augen auch gemalt werden. Unter den Kopf können zwei weitere Pappteller geklebt und mit Knöpfen verziert werden. So entsteht leicht ein ganzer Schneemann.

VORLAGE 1

VORLAGE 2

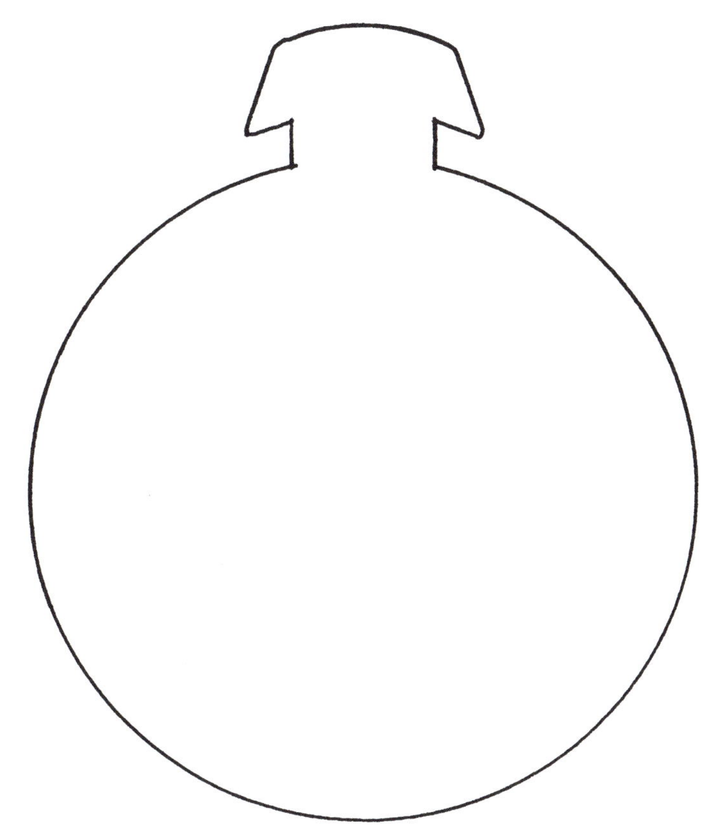

VORLAGE 3

VORLAGE 4

VORLAGE 5

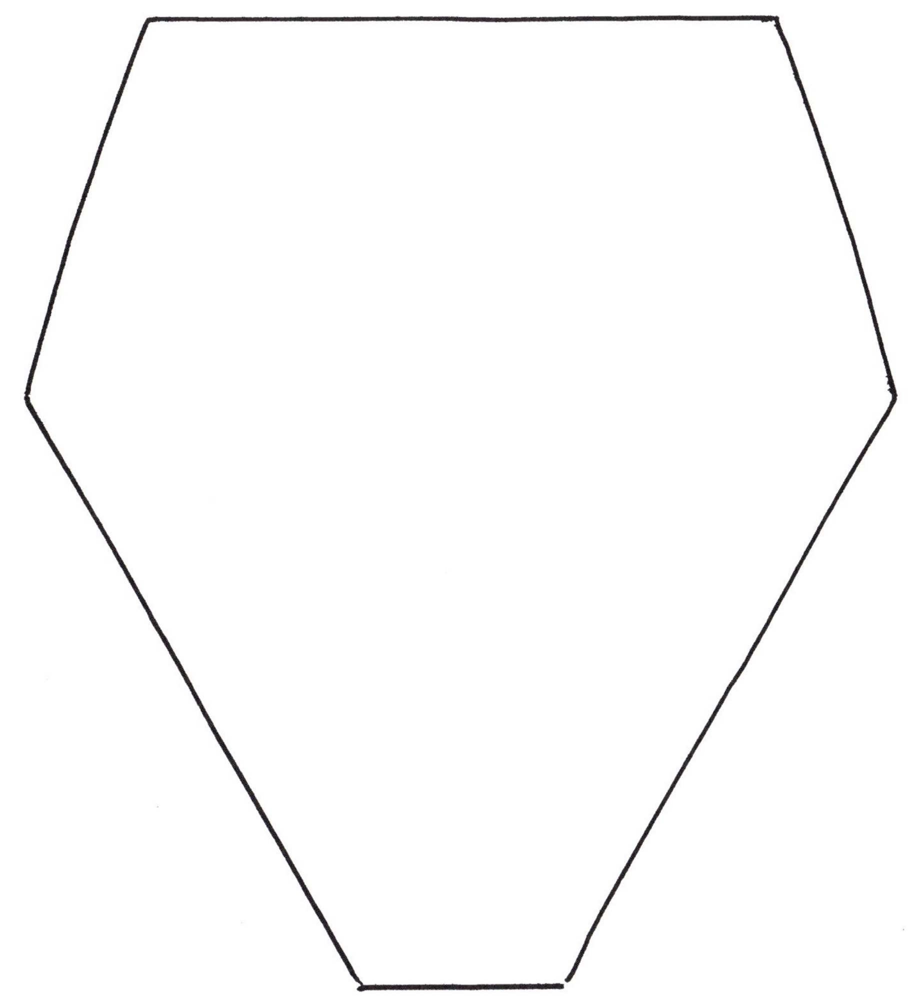

VORLAGE 6

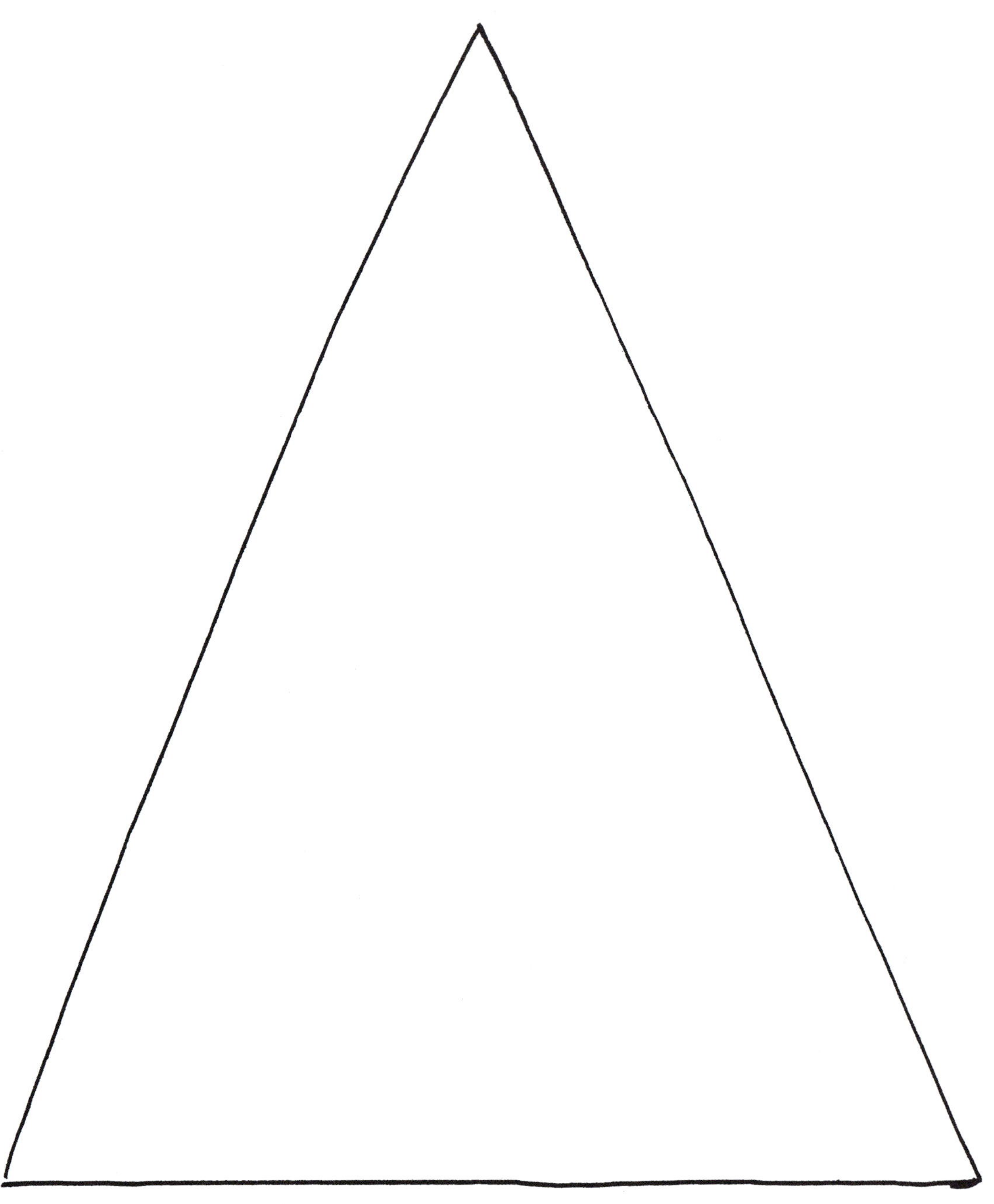

VORLAGE 7

VORLAGE 8

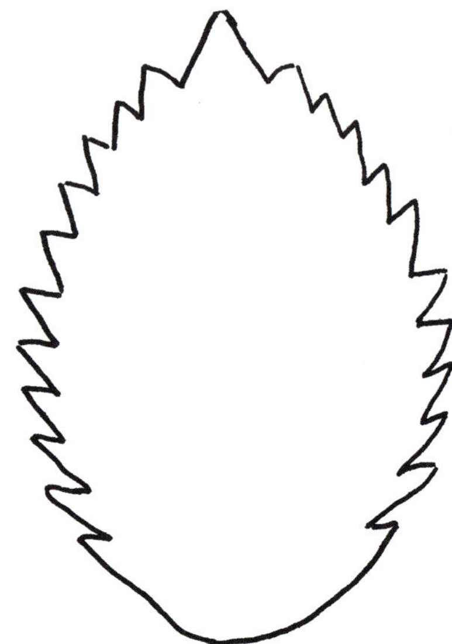

VORLAGE 9

VORLAGE 10

VORLAGE 11

VORLAGE 12

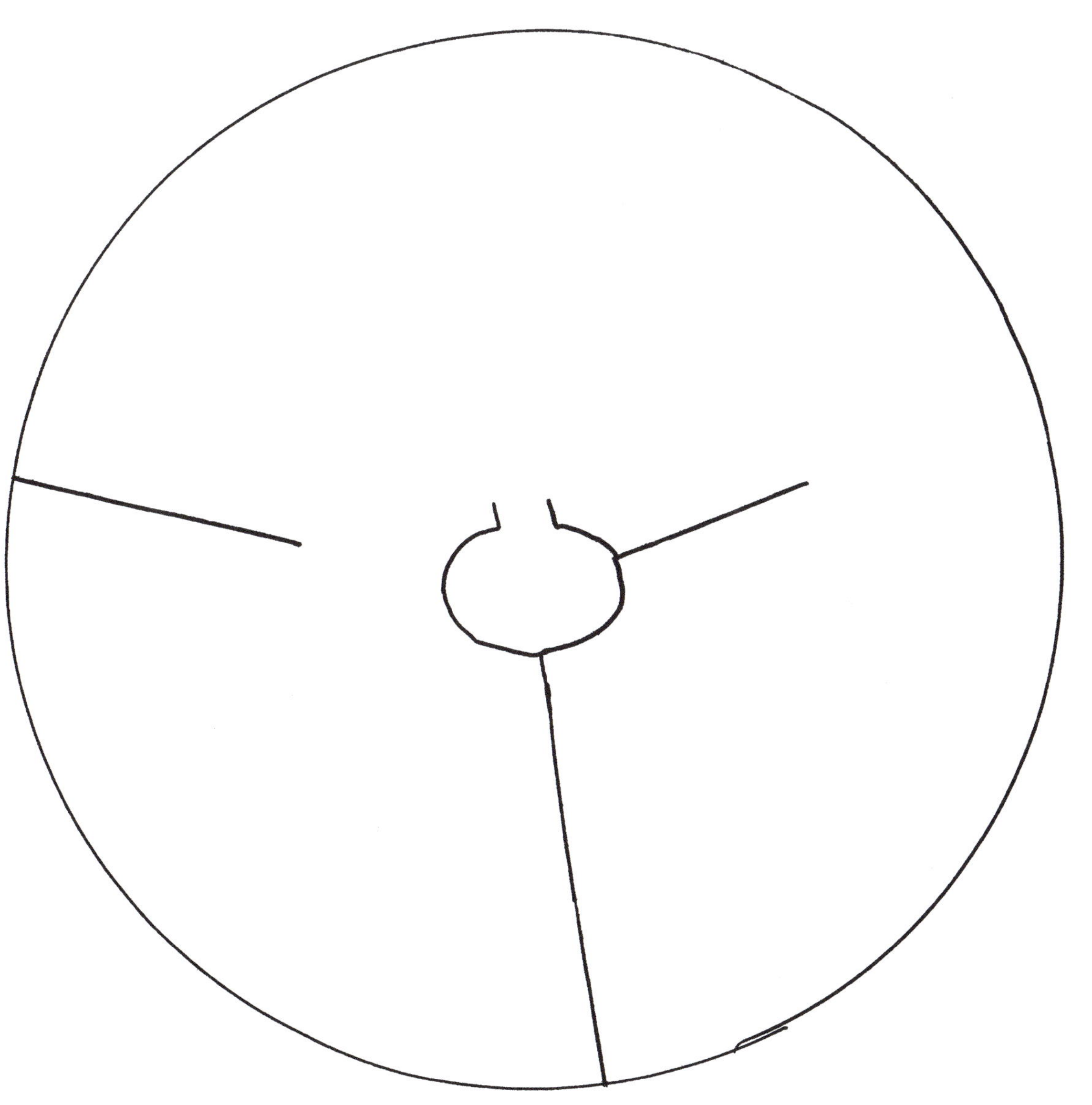

IMPRESSUM

Fotos: Gina Reinhardt
Projektmanagement: Maria Möllenkamp
Lektorat: Constanze Lüdicke
Korrektorat: Mareike Weber
Umschlaggestaltung: Regina Degenkolbe
Layout: Elke Mader
Repro: LUDWIG:media
Herstellung: Julia Hegele
Printed in Poland by CGS Printing

Sind Sie mit diesem Titel zufrieden? Dann würden wir uns über Ihre Weiterempfehlung freuen. Erzählen Sie es im Freundeskreis, berichten Sie Ihrem Buchhändler oder bewerten Sie bei Onlinekauf. Und wenn Sie Kritik, Korrekturen, Aktualisierungen haben, freuen wir uns über Ihre Nachricht an: Christian Verlag, Postfach 40 02 09, 80702 München oder per E-Mail an lektorat@verlagshaus.de.

Unser komplettes Programm finden Sie unter

 www.christophorus-verlag.de 

Autorin und Verlag haben alle Angaben und Anleitungen mit größtmöglicher Sorgfalt zusammengestellt. Dennoch kann bei Fehlern keinerlei Haftung für direkte oder indirekte Folgen übernommen werden. Die bildliche Darstellung ist unverbindlich.
Sollte dieses Werk Links auf Websites Dritter enthalten, so machen wir uns die Inhalte nicht zu eigen und übernehmen für die Inhalte keine Haftung.

In diesem Buch wird aus Gründen der besseren Lesbarkeit das generische Maskulinum verwendet. Weibliche und anderweitige Geschlechteridentitäten werden dabei ausdrücklich mitgemeint, soweit es für die Aussage erforderlich ist.

Die Deutsche Nationalbibliothek verzeichnet diese Publikation in der Deutschen Nationalbibliografie; detaillierte bibliografische Daten sind im Internet über http://dnb.d-nb.de abrufbar.

ISBN 978-3-8411-0304-8

 **Kreativ-Service**

Sie haben Fragen zu unseren Büchern und Materialien? Wir beraten Sie gern rund um alle Kreativthemen. Rufen Sie uns einfach an. Wir interessieren uns auch für Ihre eigenen Ideen und Anregungen. Sie erreichen uns per E-Mail: **kreativ-service@c-verlag.de** oder unter der Tel.: **+49 (0)89-1306 99 577**.

Besuchen Sie uns im Internet: www.christophorus-verlag.de & www.selbstgemacht.de